AF221541

Nisosera
Durch die kosmische Energie
zur Heilung

BOOKS on DEMAND

Nicole Seely

Nisosera
Durch die kosmische Energie
zur Heilung

Eine einfache Erklärung
über die Wirkungsweise
der kosmischen Energie

Autorin: Nicole Seely
Cover /Titelbild: Nicole Seely
Herstellung und Verlag: BoD - Books on Demand,
                                D-22848 Norderstedt

Bibliografische Information der Deutschen Nationalbibliothek:
Die Deutsche Nationalbibliothek verzeichnet diese Publikation in der
Deutschen Nationalbibliografie; detaillierte bibliografische Daten sind im
Internet über http://dnb.dnb.de abrufbar.

ISBN 9783752830910
2. überarbeitete Auflage 2018

Schriftart: „Vollkorn" von Friedrich Althausen, verfügbar unter der
SIL Open Font License v1.10.

Inhaltsverzeichnis

Danksagung

Aus ganzem Herzen danke ich meiner Familie und allen meinen Freunden, für Ihre unermüdliche Unterstützung und für ihre wertvolle Zeit, die sie mir und diesem Buch geschenkt haben.

Die Autorin

Mit ihrer energetischen Beratung für alle Lebensbereiche war die Autorin Nicole Seely über viele Jahre erfolgreich tätig. Nun gibt sie mit diesem Buch ihre Erkenntnisse und Erfahrungen über die reine ursprüngliche kosmische Energie an alle interessierten Leserinnen und Leser weiter.

Für alle Menschen
in dieser Welt
auf dieser Erde.

Einleitung

Dieses Buch ist für alle Menschen, die sich dafür interessieren, was die kosmische Energie ist und wie diese wirkt. Es erklärt in einer verständlichen Art und Weise, dass die kosmische Energie nichts mit dem vermeintlich Unnatürlichen, dem vermeintlichen Hokuspokus zu tun hat und dass durch die reine ursprüngliche kosmische Energie jeder seine seelischen und körperlichen Alltagsbeschwerden selbst verbessern und auch lindern kann.

Durch körperliche und seelische Beschwerden kann jeder Mensch erkennen, dass er sich momentan in einem Ungleichgewicht befindet und er wird bewusst oder unbewusst versuchen, wieder zurück in sein inneres Gleichgewicht und in seine innere Mitte zu kommen, um sich dadurch wieder besser zu fühlen. Mit ihrer allumfassenden Wirkung, unterstützt die reine ursprüngliche kosmische Energie jeden Menschen, sich in seiner eigenen inneren Mitte und in seinem seelischen und körperlichen Gleichgewicht zu

befinden. Auch wird durch die reine kosmische Energie bewirkt, dass die eigene innere
Mitte zusätzlich gestärkt wird.

Die Informationen und Erklärungen
über die Wirkungsweise der reinen ursprünglichen kosmischen Energie, verstehen sich als
Hilfe zur Selbsthilfe, wodurch jeder Mensch
seine eigene Seelenenergie harmonisieren
und leichter zu seiner eigenen inneren Mitte
finden kann.

Die reine ursprüngliche kosmische Energie

Die reine ursprüngliche kosmische Energie ist die reine ursprüngliche Schöpfungskraft. Sie ist überall vorhanden und sie wirkt in und durch alles Leben und durch alles, das existiert. Die ursprüngliche reine kosmische Energie kann auch als reine Lebensenergie bezeichnet werden, denn ohne diese Energie würde es kein Leben geben. Alles, was es auf der Erde und im Universum gibt, existiert nur durch das Vorhandensein dieser reinen ursprünglichen kosmischen Energie.

Jeder Mensch besteht aus dem menschlichen Körper und seiner eigenen kosmischen Seelenenergie, die auch als Seele bezeichnet wird. Die eigene kosmische Seelenenergie und der menschliche Körper bilden als Gesamtheit den jeweiligen Menschen mit all seinen charakterlichen Eigenschaften und seiner äußerlichen Erscheinung.

Der Körper ist einerseits die Schutzhülle für die kosmische Seelenenergie und andererseits ist er auch dafür verantwortlich, alle Gefühle, die er empfindet, an die kosmische Seelenenergie des jeweiligen Menschen weiter zu geben. Dadurch lernt die kosmische Seelenenergie alle menschlichen Gefühle kennen und entwickelt sich somit weiter.

Die eigene kosmische Seelenenergie ist ein Teil der reinen ursprünglichen kosmischen Energie und somit ist jeder Mensch immer mit der ursprünglichen kosmischen Energie verbunden. Da alle anderen Menschen, jeweils durch ihre eigene kosmische Seelenenergie, auch eine Verbindung mit der reinen ursprünglichen kosmischen Energie haben, sind auch alle Menschen, bewusst oder unbewusst, miteinander verbunden.

Die eigene Seelenenergie bleibt, auch wenn sie ein Teil der reinen kosmischen Energie ist und aus reiner ursprünglicher kosmischer Energie besteht, für die Dauer des jeweiligen menschlichen Lebens auf der Erde, immer mit dem jeweiligen menschlichen

Körper verbunden. Im Gegensatz zur eigenen kosmischen Seelenenergie, kann die überall frei vorhandene, reine ursprüngliche kosmische Energie auch weitergeleitet werden. Dann ist die Person, die sie weitergibt, ein Übermittler der reinen kosmischen Energie.

Der Übermittler empfängt die reine ursprüngliche kosmische Energie direkt aus dem Kosmos und gibt diese dann weiter. Dabei ist der Übermittler immer tatsächlich nur der Übermittler und die ursprüngliche kosmische Energie wird nicht von ihm selbst erzeugt, sondern lediglich durch ihn weitergegeben. Die reine ursprüngliche kosmische Energie kann durch einen Übermittler an Menschen, Tiere, Pflanzen und an Gegenstände weitergegeben werden und dadurch wird die jeweils vorhandene kosmische Seelenenergie des jeweiligen Empfängers erhöht.

Während der Weitergabe der reinen ursprünglichen kosmischen Energie durch einen Übermittler an einen Menschen, durchdringt sie den menschlichen Körper und die eigene kosmische Seelenenergie des jeweiligen Menschen. Dadurch wird die heilende Wirkung der reinen kosmischen Energie an den Menschen weitergegeben und bringt den menschlichen Körper und die jeweilige eigene Seelenenergie zusammen ins Gleichgewicht, so dass sich der gesamte Mensch in seiner inneren Mitte befindet. Während dieser Übermittlung fließt die reine ursprüngliche kosmische Energie gleichzeitig permanent aus dem Kosmos nach. Die reine kosmische Energie ist somit unerschöpflich, denn sie entsteht im Kosmos immer wiederkehrend aus ihrer eigenen Kraft heraus, und sie wirkt überall im Universum und dadurch auch hier auf der ganzen Erde.

Sie können sich die kosmische Energie zum Beispiel wie Luft vorstellen, diese ist unsichtbar, aber sie ist trotzdem vorhanden, auch wenn Sie diese nicht sehen. Manche Menschen fühlen die reine kosmische Energie als leichtes angenehmes Kribbeln am oder im Körper, oder empfinden sie als Gefühl des absoluten Wohlbefindens, ohne sie genauer beschreiben zu können. Auch wenn Sie die reine kosmische Energie nicht bewusst spüren, ist sie doch überall vorhanden. Die reine ursprüngliche kosmische Energie wirkt überall, sie ist neutral und sie ist die innerste Mitte von allem.

Die Wirkungsweise
der kosmischen Energie

Die reine ursprüngliche kosmische Energie wirkt mit ihrer neutralen Kraft für Alles und Jeden. Sie wirkt unabhängig von religiösen oder spirituellen Überzeugungen, charakterlichen oder körperlichen Eigenschaften und sonstigen persönlichen oder gesellschaftlichen Zugehörigkeiten. Die reine ursprüngliche kosmische Energie ist überall und sie wirkt allumfassend dort, wo dafür Bedarf besteht. Und sie wirkt so, wie es die jeweilige kosmische Seelenenergie und der jeweilige menschliche Körper benötigen. Sie wirkt außerdem ohne Wertung und ohne Urteil, sie steht jedem Menschen zur Verfügung, um in ein körperliches und seelisches Gleichgewicht zu kommen und sich dadurch in seiner eigenen inneren Mitte zu befinden. Durch die reine kosmische Energie geschieht eine allumfassende Heilung vom menschlichen Körper und der eigenen Seelenenergie.

Wenn Sie sich in einem körperlichen oder seelischen Ungleichgewicht befinden, das sich vielleicht schon als körperliche oder seelische Beschwerden gezeigt hat, dann sind durch dieses Ungleichgewicht körperliche und seelische Blockaden entstanden. Diese entstandenen Blockaden verhindern, dass sich die eigene Seelenenergie mit dem eigenen Körper verständigen kann und dadurch wird auch Ihre eigene kosmische Selbstheilungsenergie blockiert.

Die reine ursprüngliche kosmische Energie heilt allumfassend Ihren Körper und Ihre eigene Seelenenergie, indem sie durch Ihren menschlichen Körper fließt, sich dann mit Ihrer kosmischen Seelenenergie verbindet und somit die körperlichen und seelischen Blockaden auflöst. Diese allumfassende Heilung geschieht, weil während die reine kosmische Energie durch Ihren Körper fließt, die Energieschwingung jeder einzelnen Körperzelle erhöht wird. Durch diese Schwingungserhöhung der jeweiligen einzelnen Körperzellen, kommen diese wieder in ihre jeweiligen Zellenmitten und somit lösen sich alle körperlichen Blockaden auf und es geht Ihrem ganzen menschlichen Körper wieder besser.

Auch Ihre persönliche kosmische Seelenenergie wird in dieser Weise geheilt und gestärkt. Denn wenn sich die reine ursprüngliche kosmische Energie mit Ihrer Seelenenergie verbindet, wird dabei die Energieschwingung Ihrer eigenen Seelenenergie erhöht. Durch diese Energieschwingungserhöhung gelangt Ihre persönliche Seelenenergie wieder zu ihrer innersten Mitte.

Durch diese Wirkungsweise der reinen kosmischen Energie, werden Ihre körperlichen und seelischen Beschwerden gleichzeitig geheilt. Auch Ihre eigene kosmische Selbstheilungsenergie kann sich durch diese allumfassende Schwingungserhöhung, die durch die reine ursprüngliche kosmische Energie geschehen ist, wieder aktivieren und zusätzlich verbessert sich dadurch auch Ihre persönliche Ausstrahlung.

Dieser ganze Heilungsprozess geschieht durch das Empfangen der reinen ursprünglichen kosmischen Energie. Durch welche Art und Weise das Empfangen der reinen kosmischen Energie geschieht, spielt dabei keine Rolle. Ob Sie durch Ihre eigene Fähigkeit, sich mit der reinen kosmischen Energie verbinden zu können, direkt die reine ursprüngliche kosmische Energie empfangen, oder ob Sie die reine kosmische Energie über die Weitergabe durch einen anderen Menschen erhalten, ist gleichgültig. Auch wenn die Weitergabe und Übermittlung durch einen Gegenstand geschieht, der die reine ursprüngliche kosmische Energie zusätzlich und dadurch verstärkt enthält, wird sich an der Wirkung der reinen kosmischen Energie nichts ändern. Die ursprüngliche kosmische Energie wirkt mit ihrer heilenden Kraft unabhängig davon, durch welchen Übermittler sie von Ihnen empfangen wird oder ob sie sich selbst direkt mit der reinen kosmischen Energie verbinden und diese dadurch erhalten.

Bei körperlichen Beschwerden bewirkt die reine ursprüngliche kosmische Energie, dass sich Ihre Genesungszeit nach einer Krankheit verkürzt, Ihre körperlichen

Schmerzen gelindert werden, Ihre Heilungsprozesse beschleunigt werden und Sie schneller gesund sind.

Bei seelischen Beschwerden bewirkt die reine ursprüngliche kosmische Energie, dass Sie Ihre Denkmuster, die zu Ihrem Ungleichgewicht geführt haben, einfacher verändern können. Sie unterstützt Sie dabei, eine neue oder andere Sichtweise von Situationen zu erlangen, dass Sie sich allgemein besser fühlen und ausgeglichener sind.

Bei Tieren und Pflanzen wirkt die kosmische Energie wie bei Menschen. Bei Gegenständen und Speisen wirkt sie, indem die jeweilige Schwingung der Gegenstände und Speisen verfeinert wird und diese somit eine bessere Ausstrahlung bekommen und als angenehmer empfunden werden.

Durch die Auflösung der körperlichen und seelischen Blockaden können manchmal kurzzeitig Entschlackungssymptome auftreten, die sich körperlich als vermehrter Harndrang, vermehrter Stuhlgang und verstärktes

Schwitzen äußern können und sich seelisch durch intensives Träumen äußern kann.

Grundsätzlich wirkt die heilende Kraft der reinen ursprünglichen kosmischen Energie allumfassend bei allen körperlichen und seelischen Beschwerden gleichermaßen und sie bewirkt, dass Sie sich ganz in Ihrer eigenen inneren Mitte befinden.

Mit der kosmischen Energie die eigene innere Mitte stärken

Sie sind in Ihrer persönlichen inneren Mitte, wenn Sie sich als Gesamtheit Mensch körperlich und seelisch völlig gesund und ausgeglichen fühlen. Sie sind es dann, wenn Sie Ihre Mitmenschen, Ihre Lebenssituation und sich selbst lieben und akzeptieren und einfach mit sich und in Ihrem Umfeld zufrieden und glücklich sind.

Falls Sie sich aber unbehaglich und krank fühlen, befinden Sie sich in einem für Sie körperlichen und seelischen Ungleichgewicht und es sind dadurch körperliche und seelische Blockaden entstanden, die sich dann bei Ihnen als körperliche und seelische Beschwerden bemerkbar machen. Alle diese Beschwerden entstehen durch ein verändertes oder vielleicht sogar schon gegensätzliches Verhalten zu Ihrer eigentlichen persönlichen inneren Mitte und die Beschwerden können sich noch verstärken, wenn Sie sich längere Zeit nicht in Ihrer eigenen inneren Mitte befinden.

Durch das Empfangen der reinen kosmischen Energie wird bewirkt, dass Sie wieder zu Ihrer eigenen inneren Mitte finden und Ihre innere Mitte wird zusätzlich gestärkt. Wenn Sie sich dann wieder ganz in Ihrer eigenen inneren Mitte befinden, lösen sich Ihre körperlichen und seelischen Blockaden schneller auf und auch der Heilungsprozess Ihrer körperlichen und seelischen Beschwerden verkürzt sich.

Die reine ursprüngliche kosmische Energie wirkt mit ihrer heilenden Kraft bei allen körperlichen und seelischen Beschwerden, themenübergreifend und vor allem immer genauso, wie es der jeweilige Mensch in der jeweiligen Lebenssituation für sich selbst benötigt. Die reine kosmische Energie bewirkt, dass Sie Ihr körperliches und seelisches Gleichgewicht wieder erhalten und Sie somit wieder in Ihrer eigenen inneren Mitte sind.

Durch die heilende Wirkung der reinen ursprünglichen kosmischen Energie verbessert sich Ihre körperliche und seelische Gesundheit, Ihre persönliche Energieschwin-

gung erhöht sich – Sie sind allumfassend
gesünder. Durch das Empfangen der reinen
ursprünglichen kosmischen Energie wird
auch bewirkt, dass sich durch Ihre persönliche Schwingungserhöhung Ihre persönliche
innere Mitte zu einer ausgeglicheneren und
stärkeren eigenen inneren Mitte festigt.
Wenn Sie in Ihrer eigenen innersten Mitte
angekommen sind und die Schwingung Ihrer
eigenen Seelenenergie am höchsten ist, dann
sind Sie allumfassend geheilt.

Mit der kosmischen Energie allgemeine Beschwerden lindern

Bei körperlichen und seelischen Beschwerden, die durch eine momentane Lebenssituation entstanden sind, wirkt die reine ursprüngliche kosmische Energie mit ihrer heilenden Kraft immer genauso, wie es der jeweilige Mensch für sich selbst in diesem Moment benötigt.

Wenn Sie zum Beispiel Kopfschmerzen haben, könnte die Ursache darin liegen, dass Sie sich selbst unter Druck setzen und Ihre eigene Erwartungshaltung an Sie selbst zu hoch ist. Oder aber die Ursache für Ihre Kopfschmerzen könnte sein, dass aus Ihrem Umfeld zu viel von Ihnen erwartet wird, und Sie das Gefühl haben, überfordert zu sein und nicht „Nein" sagen zu können. Die eigentliche Ursache für Ihre Kopfschmerzen spielt keine Rolle, die reine ursprüngliche kosmische Energie heilt immer gleichzeitig Ihren Körper und Ihre kosmische Seelenenergie genauso, wie Sie es als Gesamtheit Mensch in diesem Moment benötigen. Durch diese allumfassende Wirkungsweise werden Ihre körperlichen Kopfschmerzen geheilt und falls die seelische Ursache Ihrer Kopfschmerzen ist, weil Sie eine zu hohe Erwartungshaltung an sich selbst haben, unterstützt Sie die reine kosmische Energie dabei, dass Sie Ihre zu hohe Erwartungshaltung senken können. Falls aber bei Ihnen die seelische Ursache ist, dass Sie das Gefühl haben, zu Ihrem Umfeld nicht „Nein" sagen können, dann unterstützt Sie die reine kosmische Energie dabei, selbstbewusster zu sein und auch „Nein" sagen zu können, wenn Sie es möchten.

Die reine ursprüngliche kosmische Energie hilft also jedem Menschen immer in der für denjenigen momentan notwendigen Art und Weise. Wenn Sie zum Beispiel an Schlafstörungen leiden oder überaktiv sind, können Sie wieder besser schlafen. Wenn Sie sich zum Beispiel übermüdet und antriebslos fühlen, oder sich schlecht konzentrieren können, bekommen Sie wieder die körperliche und seelische Kraft, um das zu tun, was Sie tun möchten und Ihre Konzentrationsfähigkeit wird gestärkt. Wenn Sie zum Beispiel

Ihr Verhalten in Bezug auf Ihre Essgewohnheiten verändern möchten, das Rauchen
aufhören möchten oder mehr Selbstvertrauen
haben möchten, erhalten Sie genau die Energie, die für Sie persönlich dafür notwendig ist.

Bei akuten Beschwerden wie zum Beispiel Entzündungen, Verletzungen, Gelenkschmerzen, Schockzustand, Nervosität und
jegliche andere körperliche und seelische
Beschwerden, werden durch die heilende
Wirkung der ursprünglichen kosmischen
Energie diese gelindert und jegliche körperliche und seelische Heilungsprozesse werden
unterstützt.

Zerstörte Körperzellen oder fehlenden
Gliedmaßen kann die reine kosmische Energie nicht mehr zurück bringen. Aber Sie können zum Beispiel nach Rückenschmerzen, die
rein durch Muskelverspannungen verursacht
wurden, durchaus wieder völlig frei von Beschwerden sein. Denn durch die reine ursprüngliche kosmische Energie gelangen Sie
wieder in Ihre eigene innere Mitte und Ihre
körperlichen und seelischen Blockaden lösen

sich. Dementgegen können bei schweren Rückenschmerzen, die zum Beispiel durch Wirbeldeformierungen oder zerstörte Körperzellen hervorgerufen wurden, die Schmerzen nur gelindert werden, denn auch wenn durch die reine kosmische Energie die Energieschwingung der zerstörten Körperzellen erhöht wird, können diese nicht mehr in ihre Zellenmitten gelangen.

Dennoch können durch die allumfassende körperlich und seelisch heilende Wirkung der reinen kosmischen Energie Ihre Schmerzen wenigstens gelindert werden. Auch kann sich das Fortschreiten von schweren Krankheiten verzögern und Sie werden dabei unterstützt, dass Sie mit Ihren Beschwerden mental leichter umgehen können.

Dadurch, dass die Wirkungsweise der reinen ursprünglichen kosmischen Energie Ihre Körperzellenschwingung und gleichzeitig Ihre eigene Seelenenergie erhöht und Sie auch immer genau die Energieschwingungserhöhung bekommen, die Sie benötigen, lösen sich somit Ihre körperlichen und seelischen Blockaden schneller auf und Sie gelangen einfacher und direkt in Ihre eigene innere Mitte.

Mit der kosmischen Energie permanente Beschwerden lindern

Um körperliche und seelische Beschwerden, die immer wieder kehren, dauerhaft zu lindern und auch manchmal zu heilen, ist es hilfreich, die eigene innere Einstellung und die eigenen Denkmuster, die zu diesem andauernden Ungleichgewicht und den permanenten Beschwerden geführt haben, zu verändern und sich dauerhaft in seiner eigenen inneren Mitte zu befinden.

Wenn Sie zum Beispiel immer und andauernd frustriert, wütend oder traurig sind, und sich dadurch bei Ihnen körperliche oder seelische Beschwerden zeigen, können Sie diese Beschwerden mit Hilfe der reinen ursprünglichen kosmischen Energie lindern und manchmal sogar auch heilen. Wenn Sie danach aber weiterhin andauernd frustriert, wütend oder traurig sind, dann können eventuell auch die körperlichen und seelischen Beschwerden wieder zurückkommen, weil Sie sich durch diese innere Einstellung wieder zurück in ein körperliches und seelischen

Ungleichgewicht gebracht haben und Sie sich dadurch auch nicht mehr in Ihrer eigenen inneren Mitte befinden. Sie können sich selbst dabei unterstützen, dauerhaft in Ihrer eigenen inneren Mitte zu sein, indem Sie Ihre Denkmuster und Ihre innere Einstellung verändern. Akzeptieren Sie zuerst alle Ihre Gefühle, die Sie haben und versuchen Sie danach, Ihre eigenen Denkmuster und Verhaltensmuster neutral zu betrachten. Was strahlen Sie selbst nach Außen? Welche Denkmuster haben Sie in Bezug auf sich selbst und in Bezug auf andere Menschen und deren Verhalten? Falls Sie zum Beispiel denken: „weil die anderen so sind, bin ich traurig" oder "die anderen werden sich nie ändern", dann ist das ein Denkmuster, ein Verhaltensmuster und eine Überzeugung von Ihnen allein. Und ja, es kann schon sein, dass sich andere Menschen nicht ändern, aber dadurch, dass Sie diese Energie mit Ihren eigenen Gedanken für sich selbst verstärken, werden sich die Menschen in Ihrem direkten Umfeld, Ihnen gegenüber vielleicht auch tatsächlich nicht verändern. Erst wenn Sie akzeptieren,

dass andere Menschen sich vielleicht nie
ändern werden, es aber nicht als unveränder-
liches Gesetz in Ihren eigenen Gedanken
festhalten, sondern diese Gedanken loslassen
und mit einem neuen Gedankenmuster ersetzen, können Sie für sich selbst etwas verändern. In dem vorher genannten Beispiel
könnten Ihre neuen Gedanken zum Beispiel
sein: „die anderen sind im Moment so, aber
das ist nur mein eigenes Gefühl, und das Verhalten der anderen lasse ich auch bei den
anderen, und deshalb muss ich nicht mehr
traurig sein". Somit haben Sie Ihre eigenen
Gedankenmuster für sich selbst geändert und
Sie schwingen aus Ihrem eigenen Ungleichgewicht wieder heraus, in die Richtung zu
Ihrer eigenen und dadurch gefestigteren
inneren Mitte. Dadurch verändert sich Ihre
eigene Ausstrahlung und Sie bekommen von
den Menschen in Ihrem Umfeld auch wiederum andere Gefühle und Empfindungen zurück. Es geht bei dem Verändern Ihrer Gedankenmuster nicht darum, dass Sie niemals
Gefühle empfinden oder zeigen sollen. Es
geht vielmehr darum, dass Sie sich nicht

permanent von Ihren negativen Gedanken und Gefühlen beherrschen lassen. Niemand kann Ihnen die Gefühle, die Sie bezüglich einer Lebenssituation haben, aufzwingen. Nur Sie selbst haben die Macht über Ihre eigenen Gefühle und können diese verändern. Wenn Sie die ursächlichen negativen Gedanken loslassen und diese verändern, dann verändert sich auch Ihr körperliches Befinden.

Um permanente Beschwerden zu lindern und manchmal sogar zu heilen, hilft Ihnen die reine kosmische Energie dabei, ausgeglichener in Ihrem Handeln und Denken zu sein. Sie unterstützt Sie, Ihre Denkmuster schneller und einfacher verändern zu können und gleichzeitig werden durch die allumfassende heilende Wirkung der reinen kosmischen Energie auch Ihre permanenten körperlichen und seelischen Beschwerden gelindert. So kommen Sie in ein dauerhaftes körperliches und seelisches Gleichgewicht und bleiben dadurch dauerhaft in Ihrer eigenen inneren Mitte.

Die schützende Wirkung
der kosmischen Energie

Manchmal treten körperliche oder seelische Beschwerden sehr plötzlich auf und Sie können sich im ersten Moment nicht erklären, wodurch diese entstanden sind. Dann kann es sein, dass Sie Gefühlsschwingungen von anderen Menschen übernommen haben und Sie dadurch das Ungleichgewicht von anderen Menschen mittragen. Sie müssen aber nicht die Gefühle von einem anderen Menschen übernehmen und das Ungleichgewicht für denjenigen mittragen. Sie können sich gut schützen, indem Sie ganz in ihrer eigenen inneren Mitte sind und bleiben. Denn wenn Sie sich in Ihrer eigenen inneren Mitte befinden, ist Ihre persönliche Ausstrahlung sehr stark und bildet einen natürlichen Schutz für den menschlichen Körper und die eigene kosmische Seelenenergie.

Um das Ungleichgewicht von einem anderen Menschen auch bei demjenigen zu lassen, hilft es Ihnen, wenn Sie dem Menschen, dem es gerade nicht gut geht, Ihr Mitgefühl für dessen Lebenssituation zeigen, aber kein Mitleid mit ihm haben. Der wichtige Unterschied zwischen Mitleid und Mitgefühl liegt in der Schwingungsausrichtung dieser zwei Empfindungen. Denn Mitleid ist eine negative Gefühlsschwingung und Sie ziehen einerseits die negative Schwingung vom anderen zu sich heran und andererseits verstärken Sie mit der negativen Schwingung des Mitleids auch das Ungleichgewicht des anderen. Empfinden Sie aber stattdessen Mitgefühl, so ist das eine positive Gefühlsschwingung und Sie bleiben dadurch bei sich selbst in Ihrer eigenen inneren Mitte und können damit dem anderen sogar helfen. Denn unbewusst spürt der andere Mensch die positive Gefühlsschwingung und kommt dadurch wiederum leichter aus seinem eigenen Ungleichgewicht heraus und besser in seine eigene innere Mitte.

Dadurch, dass die reine kosmische Energie Ihre körperliche und seelische Energieschwingung erhöht, sind Sie geschützt, auch wenn Sie mit Menschen zusammen sind, denen es gerade nicht gut geht. Die reine ursprüngliche kosmische Energie gibt Ihnen auch die Kraft, ganz in Ihrer eigenen inneren Mitte zu sein und dadurch körperlich und seelisch gesund zu bleiben. So helfen Sie Ihren Mitmenschen nicht nur mit Ihrer persönlichen positiven Ausstrahlung zur schnelleren Genesung, sondern können, da Sie selbst gesund bleiben, auch einfacher praktische Unterstützung geben. Dadurch können Sie zum Beispiel durch trostspendende, aufmunternde Worte oder durch tatkräftiges Helfen, die körperlichen oder seelischen Beschwerden Ihres Mitmenschen lindern, und Sie bleiben trotzdem geschützt und in Ihrer eigenen inneren Mitte.

Mit der kosmischen Energie den eigenen Lebensweg finden

Dadurch, dass Ihre eigene Seelenenergie ein Teil der reinen ursprünglichen kosmischen Energie ist, ist Ihre Seelenenergie immer mit dieser verbunden. Sie können sich auch zusätzlich mit der reinen ursprünglichen kosmischen Energie verbinden, denn durch die zusätzliche Verbindung mit der ursprünglichen kosmischen Energie sind Sie stärker in Ihrer inneren Mitte und Sie können Ihre eigene Seelenenergie besser spüren. Auch werden durch eine zusätzliche Verbindung mit der ursprünglichen kosmischen Energie Ihre körperlichen und seelischen Blockaden schneller gelöst, Ihr allgemeiner Gesundheitszustand verbessert sich und Ihre eigene kosmische Seelenenergie wird dadurch gestärkt. Durch die Stärkung Ihrer eigenen kosmischen Seelenenergie wird Ihre Seelenenergieschwingung erhöht und somit kann sich Ihre eigene kosmische Seelenenergie besser an Ihren Lebensweg des momentanen Lebens auf der Erde erinnern. Durch dieses

Erinnern kann Ihnen Ihre eigene kosmische Seelenenergie die Richtung für Ihren persönlichen Lebensweg einfacher zeigen und da Sie durch die bewusste Verbindung mit der ursprünglichen kosmischen Energie auch als Gesamtheit Mensch eine höhere Energieschwingung bekommen, können Sie die Hinweise für die Richtung Ihres Lebensweges auch wiederum leichter erkennen. Somit können Sie für sich selbst schneller und einfacher Lösungen, für die von Ihnen als schwierig empfundenen Alltags- und Lebenssituationen erkennen und diese Lösungen auch leichter umsetzen und dadurch befinden Sie sich auch schneller wieder in einer für sie persönlich als angenehm empfundenen Lebenssituation.

Die reine ursprüngliche kosmische Energie unterstützt Sie auch dabei, dass Sie Ihre Talente und Fähigkeiten einfacher entdecken und auch verbessern können. Auch private oder berufliche Entscheidungen fallen Ihnen leichter und wenn Sie neue Ideen oder Pläne für Ihre Zukunft haben, können Sie schneller erkennen, ob diese Ihrem Lebensweg entsprechen und Sie können diese dann leichter umsetzen.

Durch die allumfassend heilende Wirkung der kosmischen Energie befinden Sie sich stärker in Ihrer eigenen inneren Mitte, Ihre persönliche Energieschwingung wird erhöht und dadurch erkennen Sie Ihren Lebensweg klarer und können ihn aus dem Herzen heraus in Liebe und Zuversicht leichter weitergehen.

Nisosera Übermittler

Die reine ursprüngliche kosmische Energie wirkt allumfassend für jeden Menschen, körperlich und seelisch gleichzeitig, in der Art und Weise, wie es der jeweilige Mensch für sich selbst benötigt. Durch das spezielle Nisosera Energetisierungsverfahren werden Nisosera Übermittler feinstofflich so energetisiert, dass sie durch ihre Übermittlerfunktion die reine ursprüngliche kosmische Energie permanent an ihre direkte Umgebung weitergeben können.

Nisosera Übermittler wirken mit ihrer reinen ursprünglichen kosmischen Energie harmonisierend für Körper und Seele. Dadurch finden Sie als Gesamtheit Mensch leichter in Ihre eigene innere Mitte und zusätzlich wird Ihre innere Mitte gestärkt. Auch wird dadurch Ihre eigene Seelenenergie erhöht und die Aktivierung Ihrer eigenen Selbstheilungskräfte wird unterstützt. In Folge dessen lösen sich Ihre körperlichen und seelischen Blockaden leichter auf und Ihre Alltagsbeschwerden können gelindert werden. Durch die Auflösung der körperlichen und seelischen Blockaden kann es manchmal kurzzeitig zu Entschlackungssymptomen kommen, die sich körperlich als vermehrter Harndrang, vermehrter Stuhlgang und verstärktes Schwitzen äußern können und sich seelisch als intensives Träumen äußern kann. Auf Grund der Auflösung von körperlichen Blockaden kann es manchmal auch dazu führen, dass Sie ein erhöhtes Ruhebedürfnis empfinden.

Sie können Nisosera Übermittler, die die reine ursprüngliche kosmische Energie an ihre direkte Umgebung weitergeben, in jeder Lebenssituation nutzen und auch als Ergänzung und in Kombination mit sämtlichen therapeutischen Maßnahmen verwenden. Denn durch die allumfassende Wirkungsweise der reinen kosmischen Energie werden jegliche körperliche und seelische Genesungsprozesse unterstützt. Bei oder nach der Einnahme von starken Schmerzmitteln oder Psychopharmaka wird jedoch keine Wirkung wahrgenommen. Grundsätzlich können Sie Nisosera Übermittler so oft nutzen, wie Sie es selbst möchten. Eine Verwendung über Nacht unterstützt die Harmonisierung und Stärkung Ihrer eigenen inneren Mitte. Ein dauerhaftes Verwenden von Nisosera Übermittler ist nicht notwendig. Erkennen Sie auch die Grenzen einer Selbstbehandlung von Alltagsbeschwerden an. Ein therapeutischer Rat (von einem Arzt oder Heilpraktiker) ist grundsätzlich immer zu empfehlen und bei ernsten, akuten und schweren chronischen Beschwerden unverzichtbar.

Die Übermittlung der reinen kosmischen Energie durch Nisosera Übermittler bewirkt, dass Sie als Gesamtheit Mensch leichter zu Ihrer eigenen inneren Mitte finden können und dass Ihre innere Mitte zusätzlich gestärkt wird. Nehmen Sie sich die Zeit und die Ruhe, die Ihre eigene Seelenenergie und Ihr Körper benötigen, um sich als Gesamtheit Mensch an Ihre stärkere eigene innere Mitte gewöhnen zu können.

Nisosera Anwendungsbereiche

Sie können Nisosera Übermittler in allen Alltagssituationen benutzen, bei denen Sie das Gefühl haben sie bräuchten mentale und körperliche Unterstützung, um Ihre eigene Seelenenergie und Ihre eigene innere Mitte zu stärken. Auch bei allen Arten von körperlichen Alltagsbeschwerden wirken Nisosera Übermittler wie die ursprüngliche kosmische Energie und unterstützen jegliche körperliche Genesungsprozesse.

Da Nisosera Übermittler die reine ursprüngliche kosmische Energie weitergeben, wirken diese auch wie die ursprüngliche kosmische Energie themenübergreifend allumfassend bei allen körperlichen und seelischen Alltagsbeschwerden.

Auf den nachfolgenden Seiten sind daher nur jeweils einige der vielfältigen Nutzungsmöglichkeiten von Nisosera Übermittler aufgeführt.

Anwendung bei körperlichen Alltagsbeschwerden

Nisosera Übermittler bewirken bei körperlichen Beschwerden, dass die eigene Selbstheilungsenergie unterstützt wird und Sie selbst leichter zu Ihrer eigenen inneren Mitte gelangen können. Dadurch können sich Genesungszeiten verkürzen, körperliche Schmerzen können gelindert werden und das allgemeine Wohlbefinden kann verbessert werden.

Einige Beispiele für körperliche Alltagsbeschwerden:

Hautprobleme, Verstauchungen, Prellungen, kleine Schnittwunden, Erkältung, Blutergüsse, Husten, Schnupfen, Pickel, Muskelkater, Insektenstiche, Wechseljahrbeschwerden, nervöser Magen, Durchfall, Gelenkschmerzen, Menstruationsbeschwerden, Schürfwunden, Übelkeit, Verspannungen.

Anwendung bei seelischen Alltagsbeschwerden

Nisosera Übermittler bewirken bei seelischen Beschwerden, dass Denkmuster, die zu einem Ungleichgewicht geführt haben, einfacher verändert werden können und sie wirken unterstützend, um eine neue oder andere Sichtweise von Situationen zu erlangen. Sie bewirken ein allgemein ausgeglicheneres Wohlbefinden und dass Sie selbst leichter zu Ihrer eigenen inneren Mitte finden können.

Einige Beispiele für seelische Alltagsbeschwerden:

Niedergeschlagenheit, Überaktivität, Gereiztheit, Konzentrationsschwäche, Liebeskummer, Essgewohnheiten verändern, Suchtverhalten verändern, Traurigkeit, mentale Erschöpfung, mangelndes Selbstvertrauen, Stressbewältigung, Nägelkauen, Ängstlichkeit, Nervosität.

Anwendung bei schweren Beschwerden

Bei schweren und chronischen Beschwerden, sowie bei Beschwerden, die durch zerstörte oder deformierte Körperzellen entstanden sind, bewirken Nisosera Übermittler nur ein allgemein besseres Wohlbefinden und dass Sie mit Ihren Beschwerden mental leichter umgehen können. Bei Einnahme von Psychopharmaka und starken Schmerzmitteln zeigen Nisosera Übermittler keine Wirkung.

Einige Beispiele für schwere Beschwerden:

Rheuma, Arthrose, Gicht, Augenleiden, chronische Entzündungen, Morbus Crohn, Nahrungsmittelunverträglichkeiten, Asthma, Diabetes, Tinnitus, Ischias, Depressionen.

Wichtiger Hinweis:

Auch wenn die dargestellten Erklärungen und Anwendungs-beispiele über die Wirkungsweise der reinen ursprünglichen kosmischen Energie von der Autorin mit größtmöglicher Sorgfalt geprüft wurden, stellen diese keine Anleitung zur Diagnose oder Therapie im medizinischen Sinne dar und sie ersetzen auch nicht eine kompetente medizinische Diagnose und keinen ärztlichen therapeutischen Rat. Die Behandlung von Alltagsbeschwerden, Krankheiten und jeglichen Krank-heitssymptomen mit der kosmischen Energie obliegt jeder Leserin und jedem Leser in seiner eigenen Verantwortung.

Bitte respektieren Sie die Grenzen der Selbstbehandlung und ziehen Sie im Zweifelsfall immer einen Arzt oder Heilprakti-ker zu Rate.

Autorin und Verlag übernehmen keinerlei Haftung für eventuelle Nachteile oder Schäden, die aus den im Buch gegebenen praktischen Hinweisen resultieren.